오카리나 찬양연주곡집

주의 손에
나의 손을 포개고

편저자 김소영

할렐루야!
우리 하나님을 찬양하는 일이 선함이여
찬송하는 일이 아름답고 마땅하도다
- 시편 147 : 1

오카리나 찬양연주곡집

주의 손에
나의 손을 포개고

1판 1쇄 발행 2020년 6월 18일

제　　작　　LMEAK
편　　저　　김소영
펴 낸 곳　　이타미디어
펴 낸 이　　이재덕
출판등록　　제385-2016-000027
전　　화　　031-451-4646
팩　　스　　050-4189-4646
홈페이지　　www.itamedia.co.kr

ISBN 979-11-88410-43-9

요즘은 갑자기 내린 소낙비를 피하기 위해
어느 집의 처마, 나무 밑을 전전긍긍하던 하교 길이 떠오릅니다.
어느 날 불어 닥친 코로나의 위협이 대비할 겨를도 없이
우리를 움츠리게 하고 모든 사회적 교류를 묶어버리고
경제적 활동 또한 기대하기 어려운 상황으로 몰아넣은 이 시점에
시간이 허락한다면 찬양 악보집을 만들고 싶었던
나의 꿈을 끄집어 내어봅니다.

내가 음악을 한다는 것이 나의 삶에 어떤 의미를 갖는 것일지
가끔 새겨 볼 때면 한 번의 고민도 없이
그것은 오직 찬양, 가장 아름다운 찬양을 드리는 것이
나의 소원하는 바임을 말하곤 합니다.

학창시절에 청소 당번이던 날 늦어진 귀가에
친구들과 선생님들이 보이지 않는 계단에 앉아 가방 안에 언제나 들어있던 리코더를 꺼냈습니다.
외로운 양치기, 그린슬리브를 자연발생적 리버브에 섞여 나오는 환상적인 리코더 소리에
으쓱하며 음악을 즐겼던 그 때의 기억들을 요즘은 자주 소환합니다.
가정 형편이 어려웠어도 리코더 하나쯤은 나의 것이었던 그 때
그렇게도 좋아했던 리코더를 고등학교 이후에는 까맣게 잊고 살았습니다.

얼마 전부터 관심을 갖고 리코더 연구회를 시작하며
다시 예전 추억에 힘입어 리코더에 대한 애정을 키우다
이 악기로 찬양을 드리면 얼마나 좋을까 생각하게 되었습니다.
함께 리코더 연구회의 샘들과 찬양 곡들을 불어보다
악보집을 만들어야겠다 생각하고
첫 찬양 연주곡집을 '주의 손에 나의 손을 포개고'라는 찬양의 제목이
너무 좋아 선택하게 되었습니다.

이 찬양 연주곡집은 리코더와 오카리나를 동시에 출판하게 되었습니다.

오카리나와 리코더 비교적 싼 악기…… 그러나
값비싼 찬양으로 여겨 주실 주님께 영광을 돌립니다.
질그릇 같은 우리를 귀하다하시는 분께
많은 사람들이 이 찬양을 올리게 되기를 희망합니다.

항상 옆에서 힘이 되어주는 우리 승희, 민진, 연두, 회연 선생님들 감사합니다.

2020. 5월   김소영

오카리나 찬양연주곡집
주의 손에 나의 손을 포개고

01. 주의 손에 나의 손을 포개고 / AC Solo ········· 14
02. 주의 손에 나의 손을 포개고 / AC, AG Duet ········· 16
03. 주의 손에 나의 손을 포개고 / AC, AG Duet - AC ········· 20
04. 주의 손에 나의 손을 포개고 / AC, AG Duet - AG ········· 22
05. 그 사랑 / AC Duet ········· 24
06. 그 사랑 / AC Duet - AC1 ········· 28
07. 그 사랑 / AC Duet - AC2 ········· 30
08. 옷자락에서 전해지는 사랑 / T.AC Solo ········· 32
09. 옷자락에서 전해지는 사랑 / T.AC, AC Duet ········· 34
10. 옷자락에서 전해지는 사랑 / T.AC, AC Duet -T.AC ········· 38
11. 옷자락에서 전해지는 사랑 / T.AC, AC Duet -AC ········· 40
12. 아무것도 두려워말라 / T.AC Solo ········· 42
13. 아무것도 두려워말라 / T.AC, AG Duet ········· 44
14. 아무것도 두려워말라 / T.AC, AG Duet - T.AC ········· 48
15. 아무것도 두려워말라 / T.AC, AG Duet - AG ········· 50
16. 부르신 곳에서 / T.AC, AC Duet ········· 52
17. 부르신 곳에서 / T.AC, AC Duet - T.AC ········· 56
18. 부르신 곳에서 / T.AC, AC Duet - AC ········· 58
19. 축복의 사람 / T.AC Solo ········· 60
20. 축복의 사람 / T.AC, AC Duet ········· 62
21. 축복의 사람 / T.AC, AC Duet - T.AC ········· 64
22. 축복의 사람 / T.AC, AC Duet - AC ········· 66
23. 온 맘 다해 / AC Solo ········· 68
24. 아버지 품으로 / T.AC Solo ········· 70
25. 아버지 품으로 / T.AC, AC Duet ········· 72
26. 아버지 품으로 / T.AC, AC Duet - T.AC ········· 76
27. 아버지 품으로 / T.AC, AC Duet - AC ········· 78
28. 축복하노라 / AC, AG Trio ········· 80
29. 축복하노라 / AC, AG Trio - AC1 ········· 84
30. 축복하노라 / AC, AG Trio - AC2 ········· 86
31. 축복하노라 / AC, AG Trio - AG ········· 88
32. 나 무엇과도 주님을 / T.AC Solo ········· 90
33. 나 무엇과도 주님을 / T.AC, AC Duet ········· 92

Contents

34. 나 무엇과도 주님을 / T.AC, AC Duet - T.AC ········· 96
35. 나 무엇과도 주님을 / T.AC, AC Duet - AC ········· 98
36. 날마다 숨쉬는 순간마다 / T.AC Solo ········· 100
37. 주의 귀한 사랑 / T.AC Solo ········· 102
38. 주의 귀한 사랑 / T.AC, AC Duet ········· 104
39. 주의 귀한 사랑 / T.AC, AC Duet - T.AC ········· 108
40. 주의 귀한 사랑 / T.AC, AC Duet - AC ········· 110
41. 사명 / T.AC Solo ········· 112
42. 사명 / T.AC Duet ········· 114
43. 사명 / T.AC Duet - T.AC1 ········· 118
44. 사명 / T.AC Duet - T.AC2 ········· 120
45. 꽃들도 / AC Solo ········· 122
46. 주 사랑이 나를 숨쉬게 해 / AC Solo ········· 124
47. 그의 길을 걷는 우리에게 / T.AC Solo ········· 126
48. 그의 길을 걷는 우리에게 / T.AC Duet ········· 128
49. 그의 길을 걷는 우리에게 / T.AC Duet - T.AC1 ········· 132
50. 그의 길을 걷는 우리에게 / T.AC Duet - T.AC2 ········· 134
51. 모든 열방 주 볼때까지 / AC Solo ········· 136
52. 모든 열방 주 볼때까지 / AC, AG Duet ········· 138
53. 모든 열방 주 볼때까지 / AC, AG Duet - AC ········· 140
54. 모든 열방 주 볼때까지 / AC, AG Duet - AG ········· 142
55. 원하고 바라고 기도합니다 / SG, AG Duet ········· 144
56. 원하고 바라고 기도합니다 / SG, AG Duet - SG ········· 148
57. 원하고 바라고 기도합니다 / SG, AG Duet - AG ········· 150
58. 축복송 / SG, AC, AG Trio ········· 152
59. 축복송 / SG, AC, AG Trio - SG ········· 155
60. 축복송 / SG, AC, AG Trio - AC ········· 156
61. 축복송 / SG, AC, AG Trio - AG ········· 157
62. 은혜아니면 / T.AC Solo ········· 158
63. 은혜아니면 / T.AC, AC Duet ········· 160
64. 은혜아니면 / T.AC, AC Duet - T.AC ········· 164
65. 은혜아니면 / T.AC, AC Duet - AC ········· 166

Ocarina Fingering

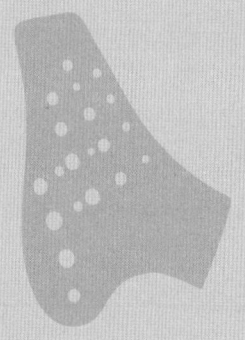

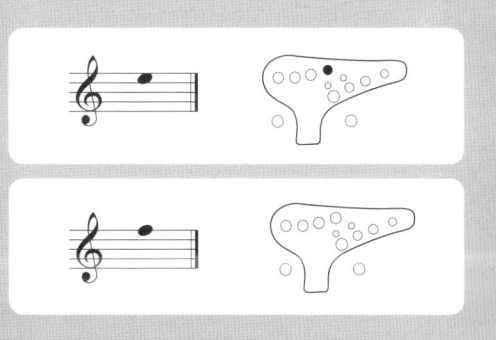
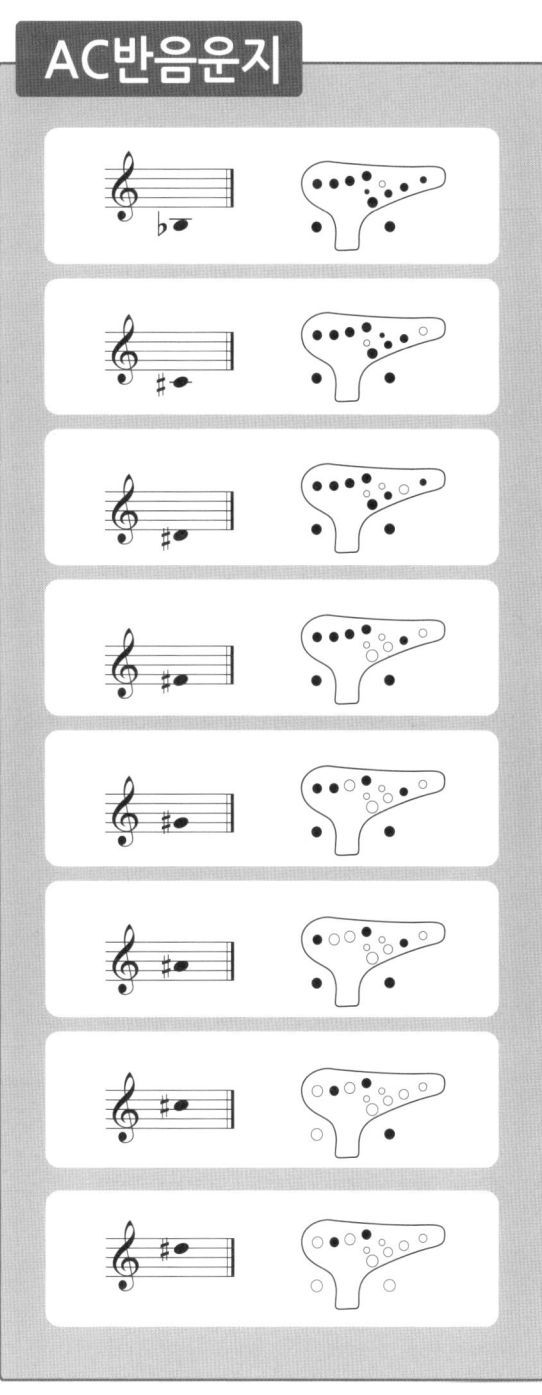

SC온음운지

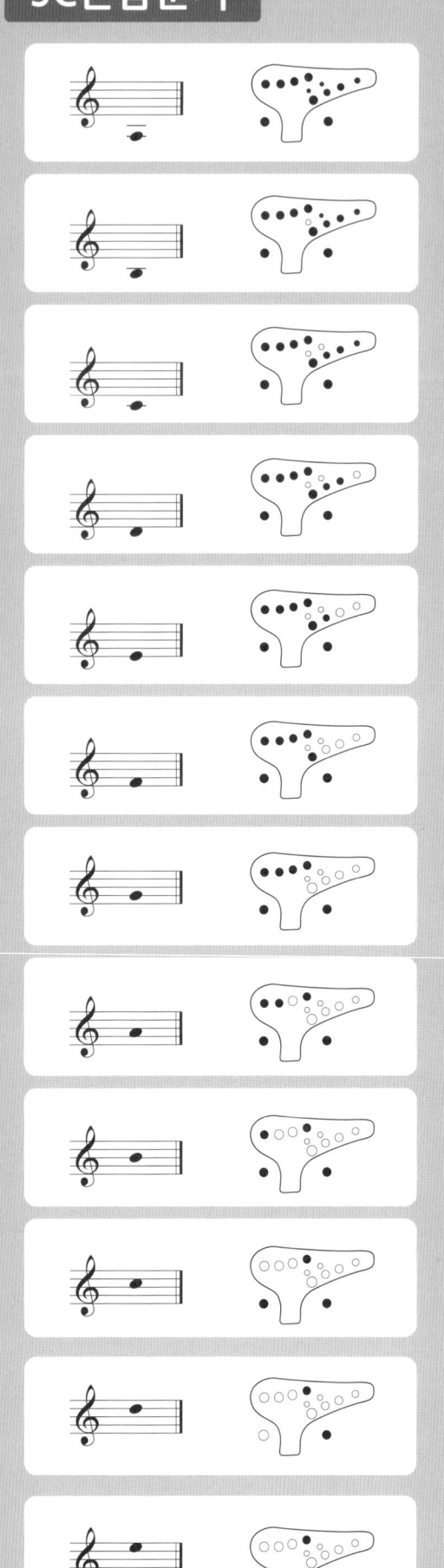

SC반음운지

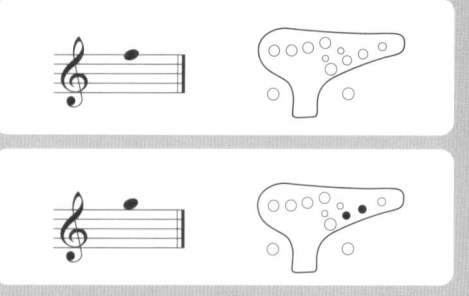
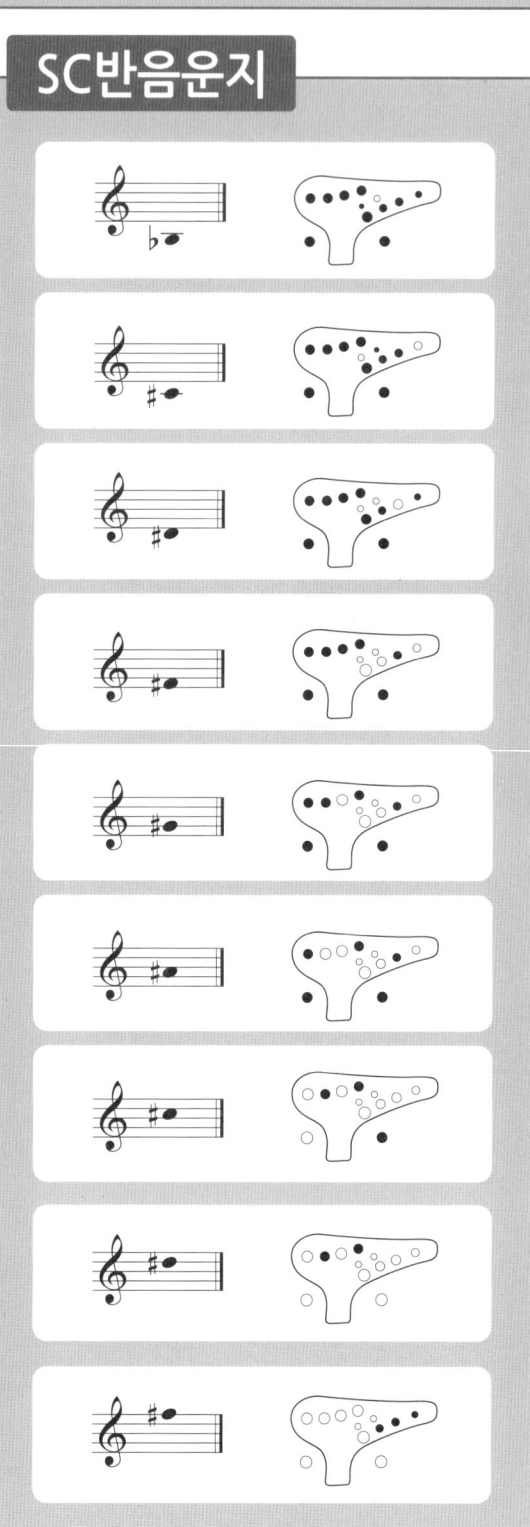

SG온음운지

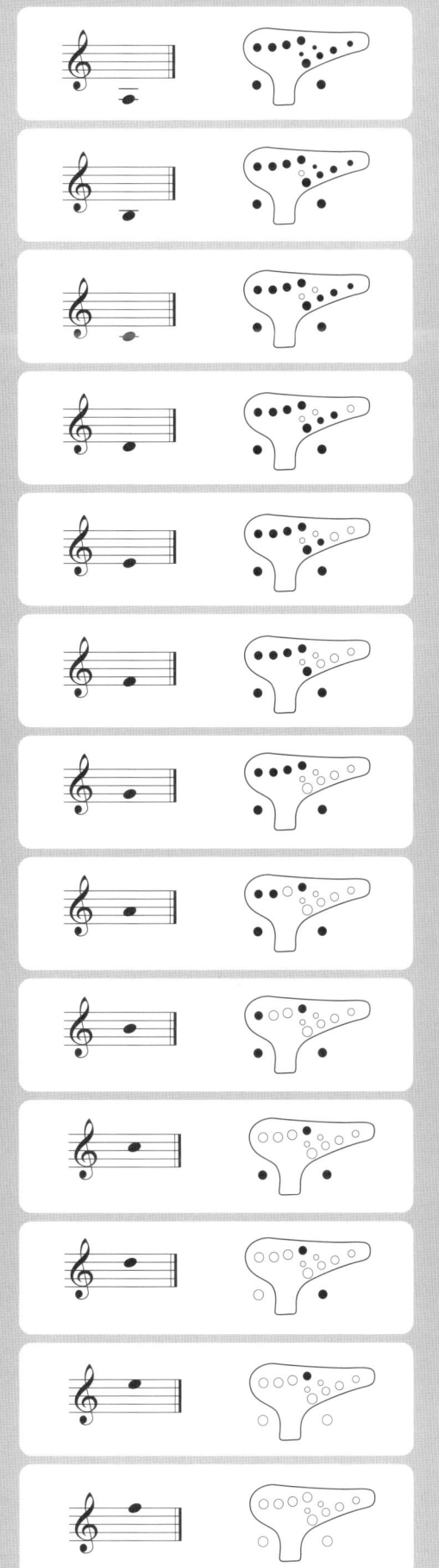

SG반음운지

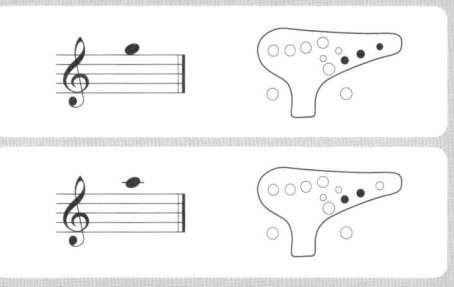

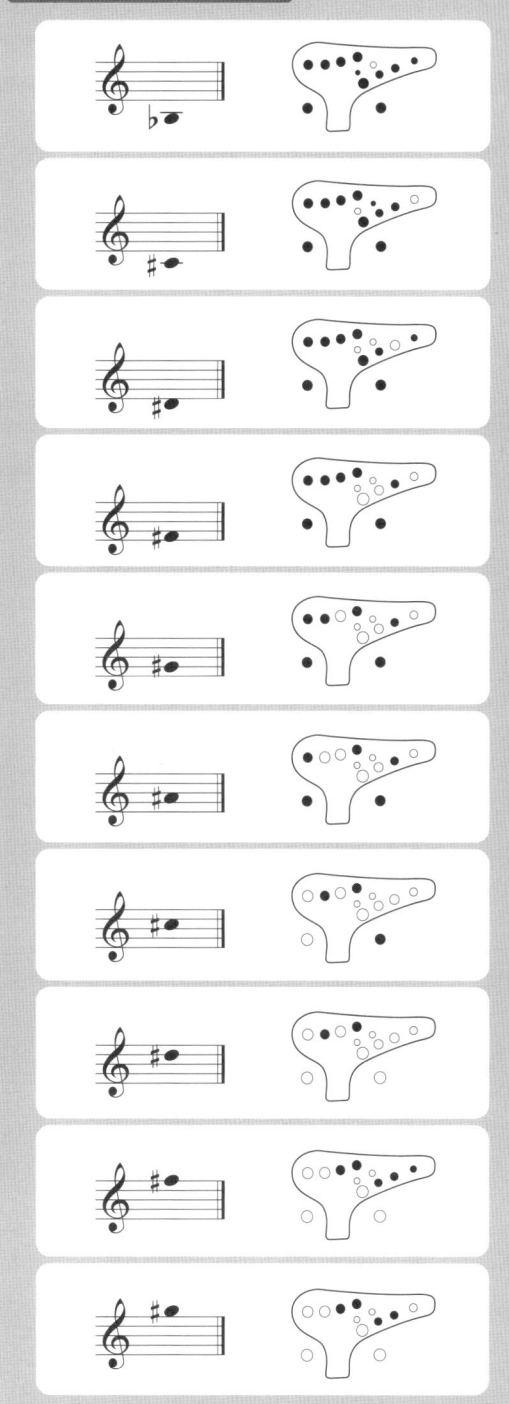

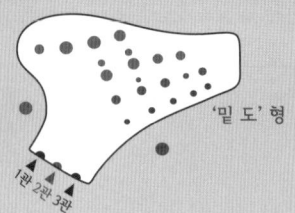
'밑도'형

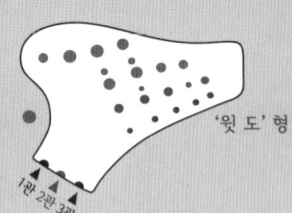
'윗도'형

Triple Ocarina Fingering

운지법

1관

● 막힘   ○ 열림

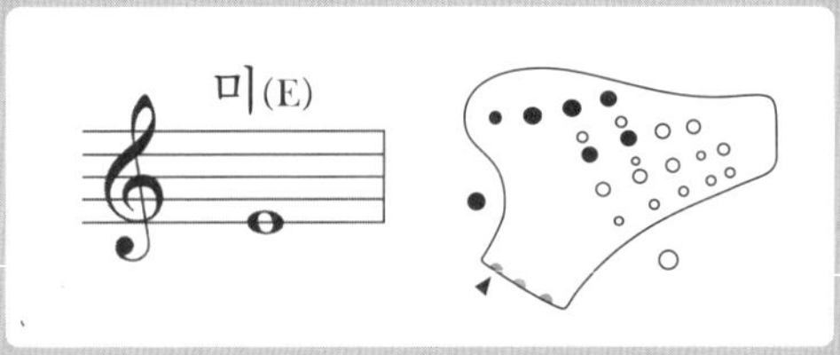

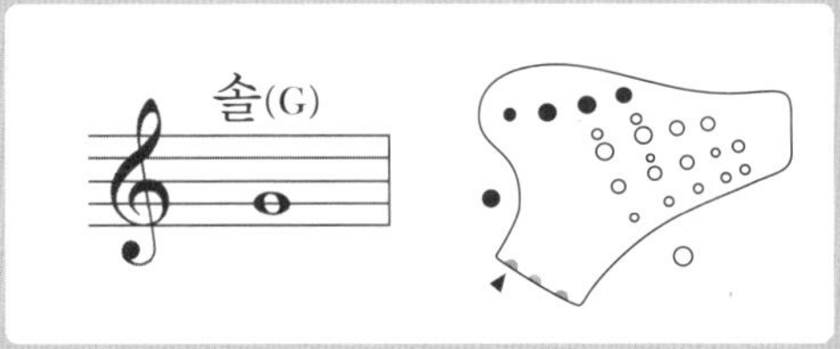

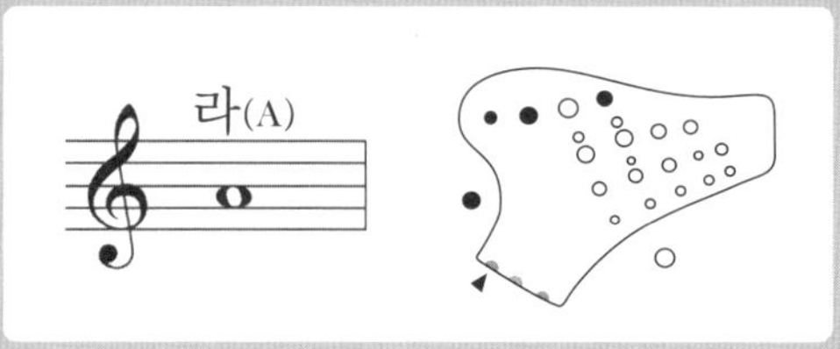

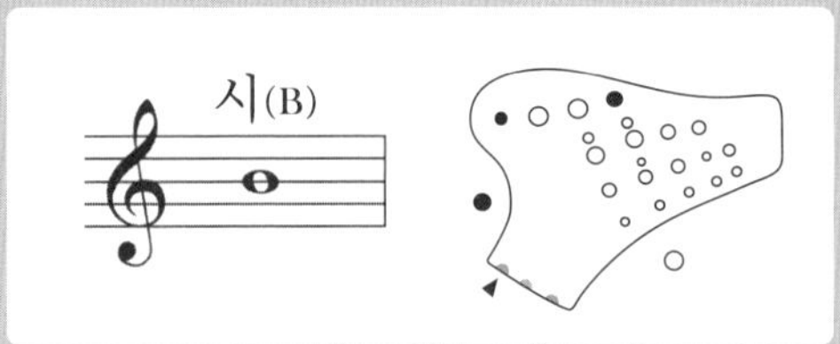

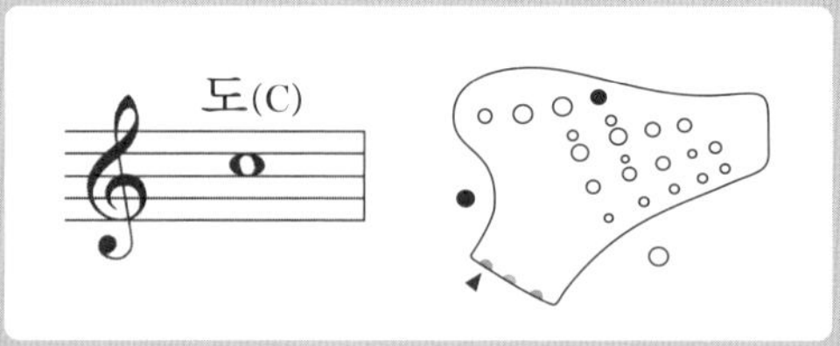

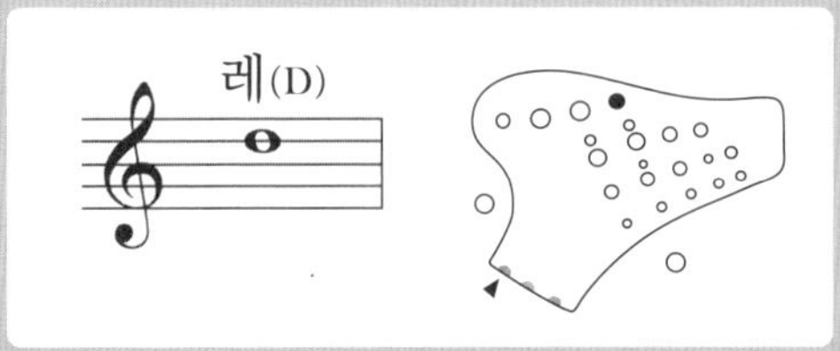

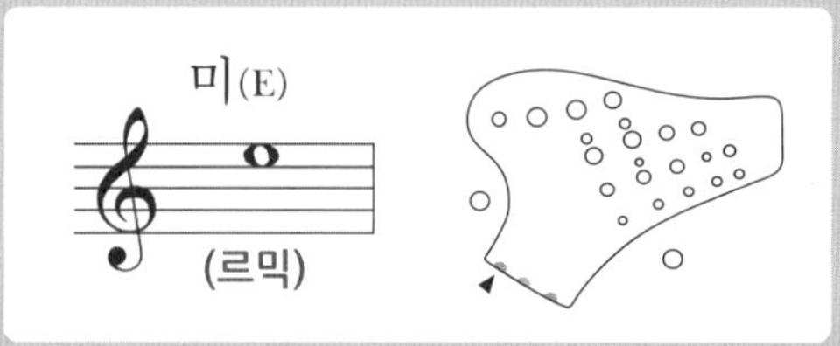

라(A)	시(B)
도(C)	레(D)
미(E)	파(F)
솔(G)	라(A)
시(B)	도(C)
레(D)	미(E) (르믹)

'밑도'형   '윗도'형

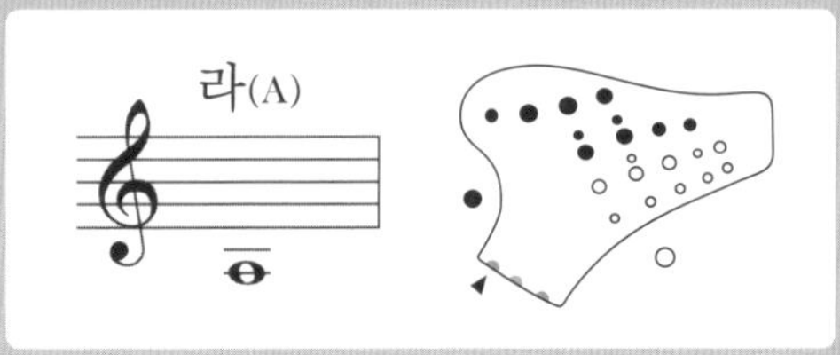

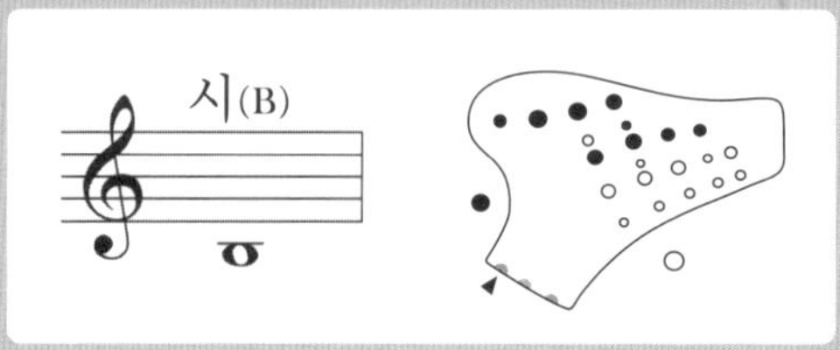

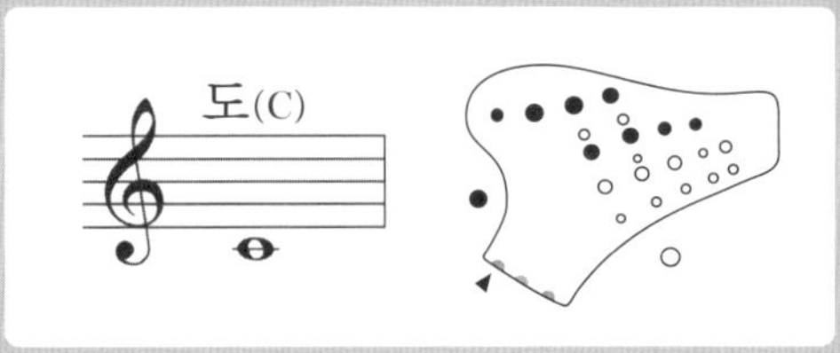

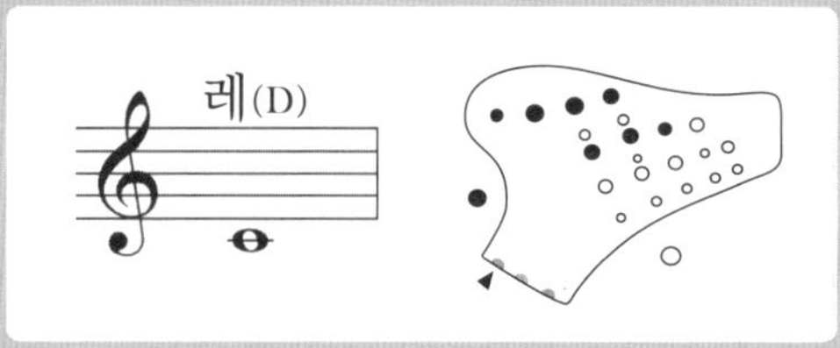

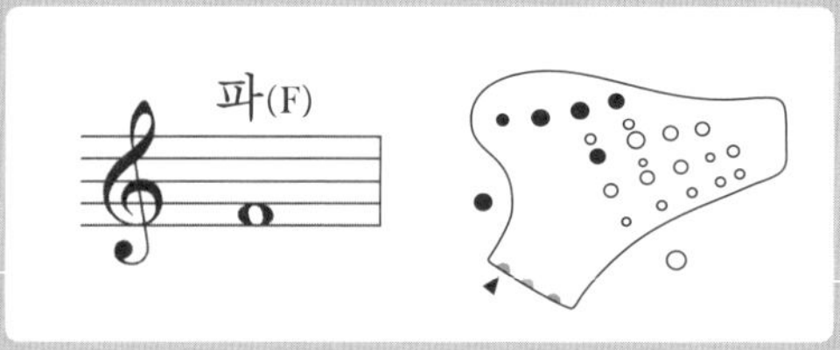

음역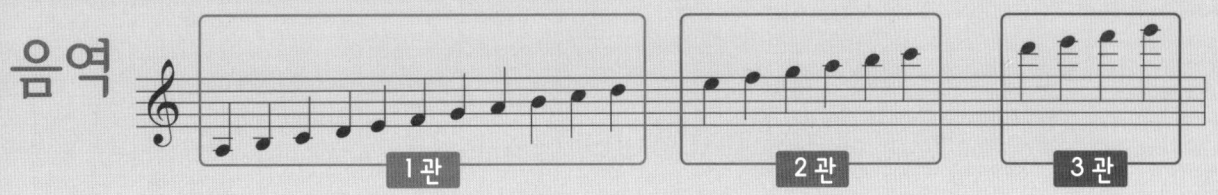

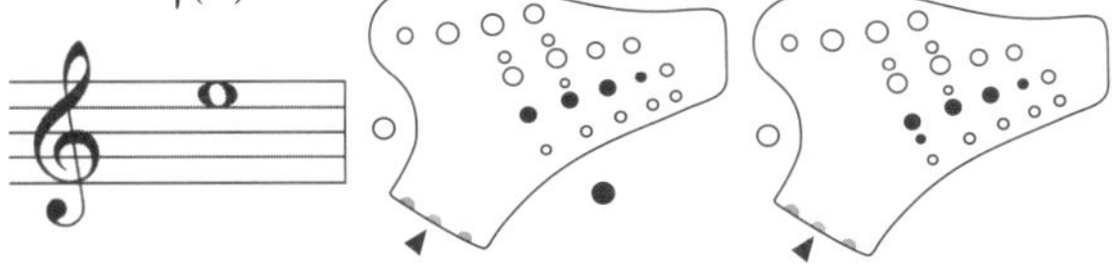

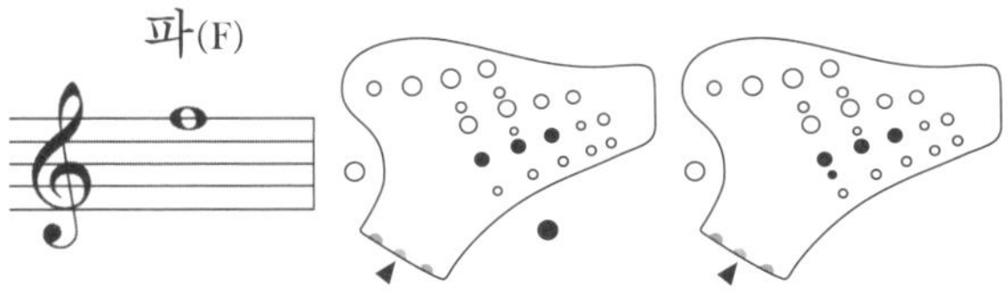

2관

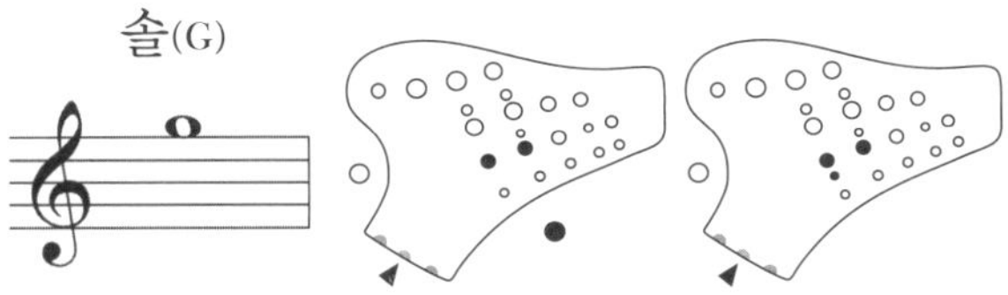

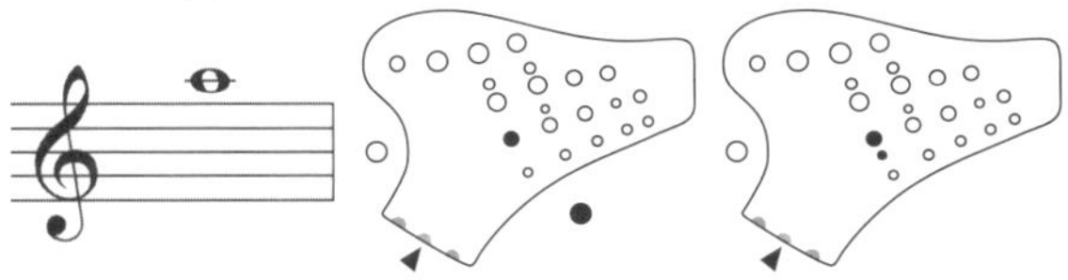

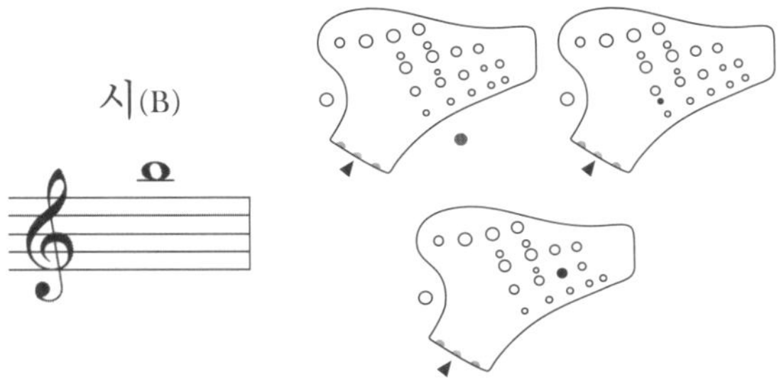

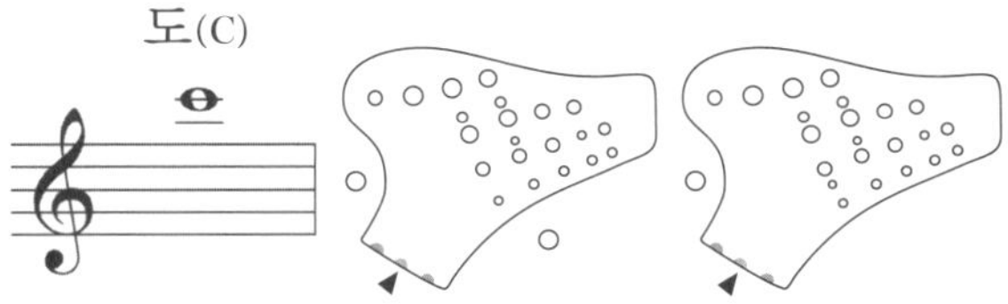

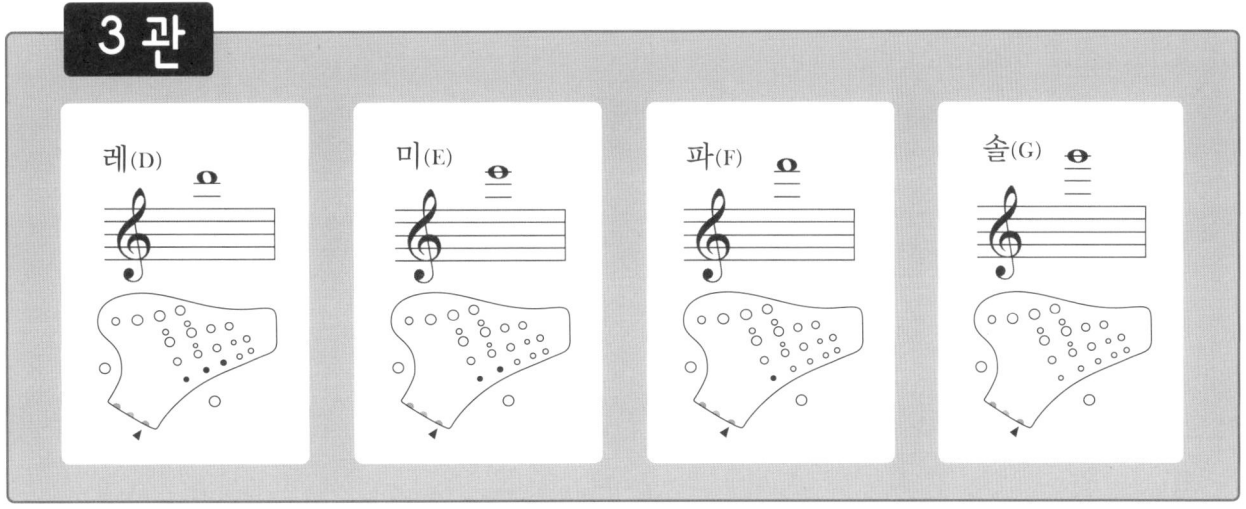

3관

Triple Ocarina Fingering

반음 1관

● 막힘　○ 열림

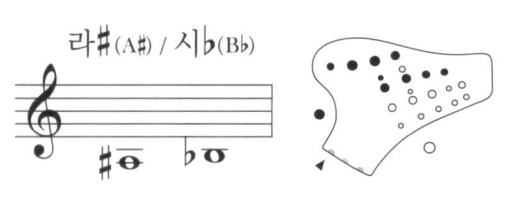

라#(A#) / 시♭(B♭)

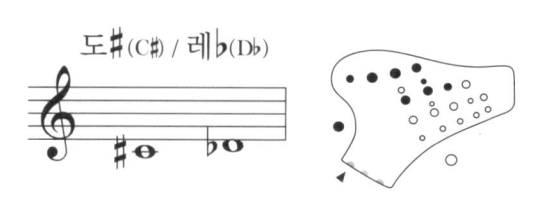

도#(C#) / 레♭(D♭)

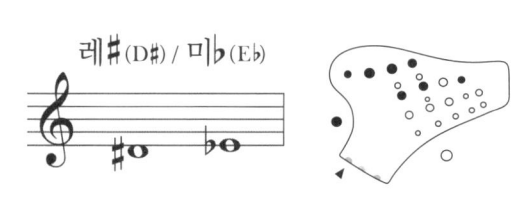

레#(D#) / 미♭(E♭)

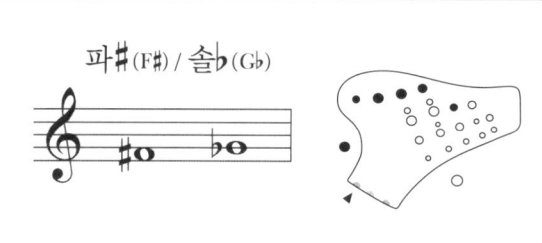

파#(F#) / 솔♭(G♭)

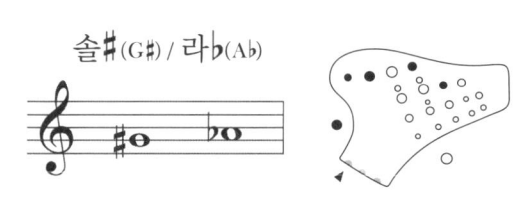

솔#(G#) / 라♭(A♭)

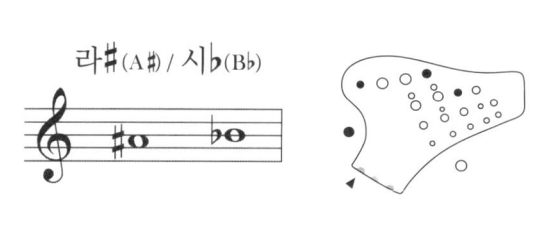

라#(A#) / 시♭(B♭)

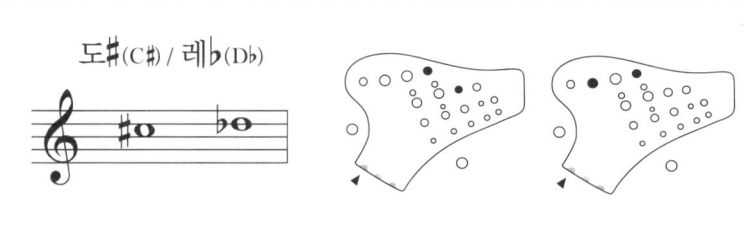

도#(C#) / 레♭(D♭)

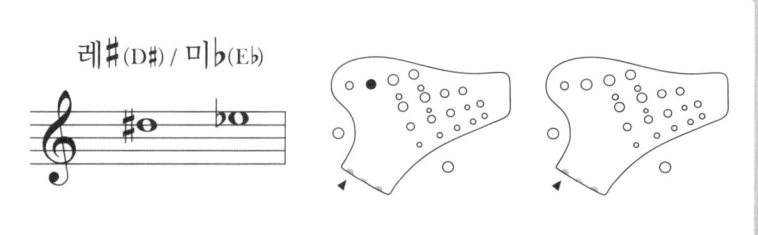

레#(D#) / 미♭(E♭)

반음 2관

레#(D#) / 미♭(E♭)

파#(F#) / 솔♭(G♭)

솔#(G#) / 라♭(A♭)

라#(A#) / 시♭(B♭)

반음 3관

도#(C#) / 레♭(D♭)

레#(D#) / 미♭(E♭)

파#(F#) / 솔♭(G♭)

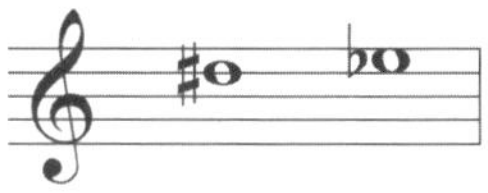

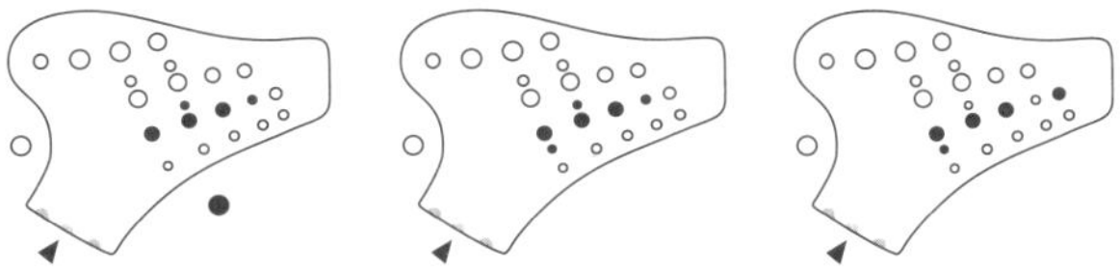

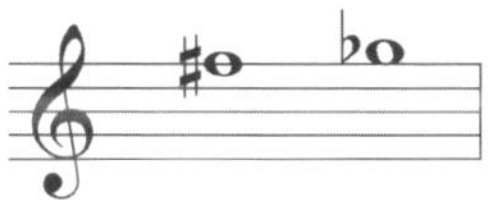

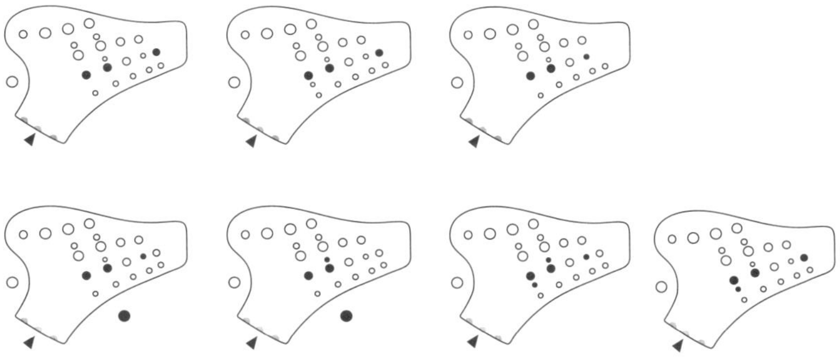

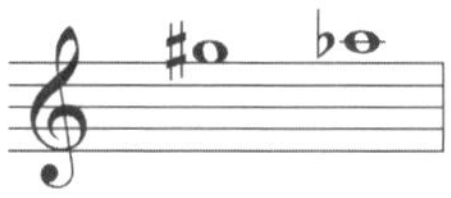

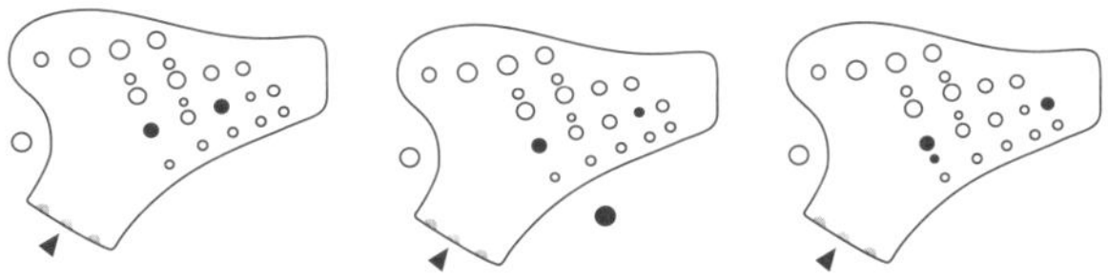

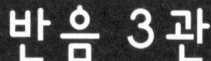

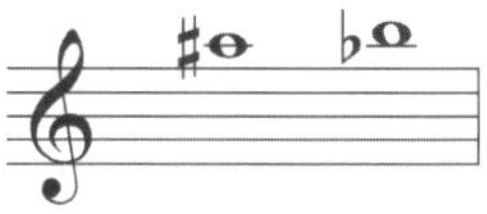

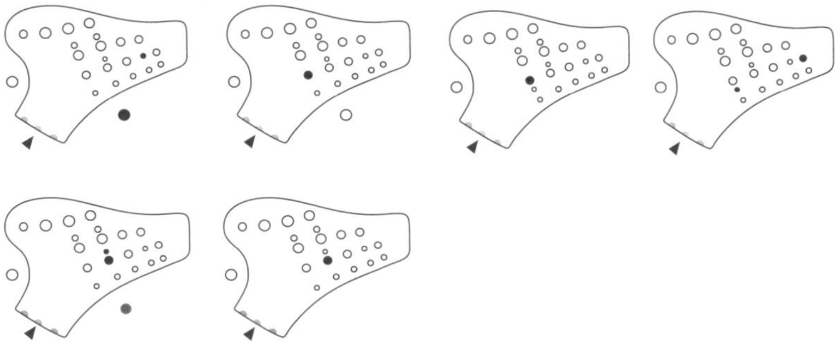

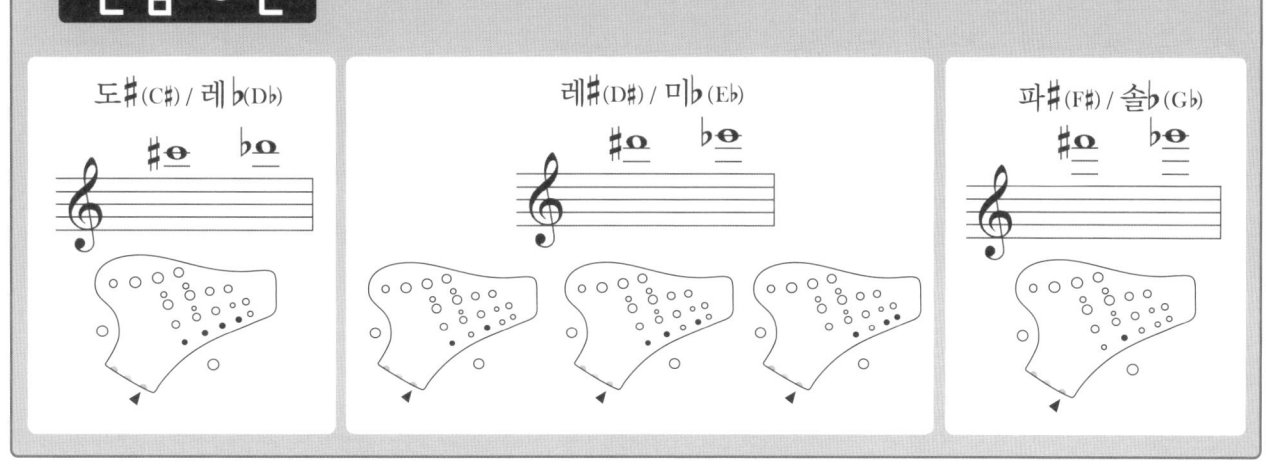

주의 손에 나의 손을 포개고

주영광

주의 손에 나의 손을 포개고

주영광

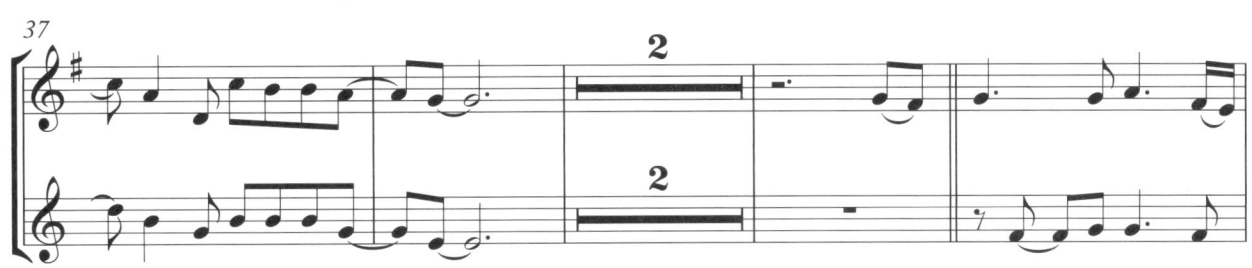

주의 손에 나의 손을 포개고

주영광

♩=68

주의 손에 나의 손을 포개고

주영광

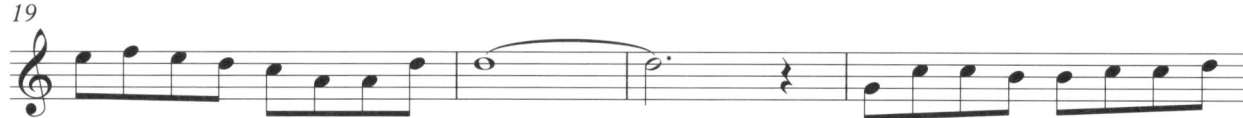

그 사랑

박희정

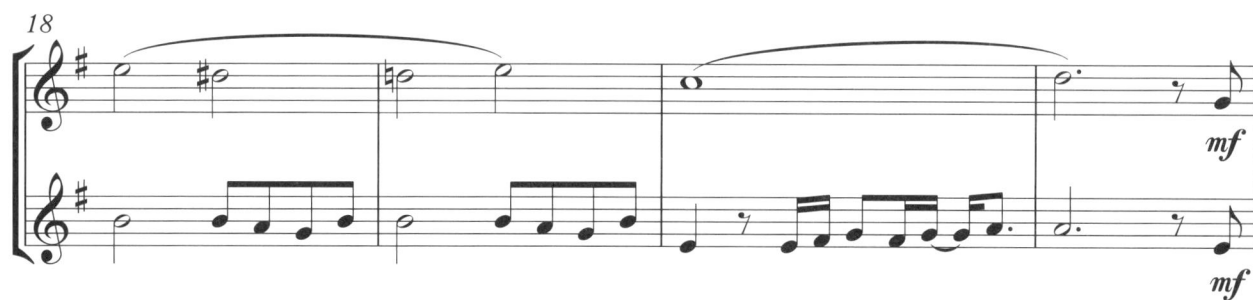

4/4

그 사랑

박희정

그 사랑

박희정

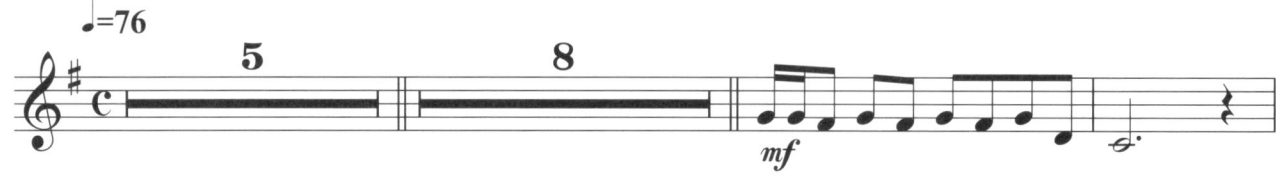

옷자락에서 전해지는 사랑

유상렬

옷자락에서 전해지는 사랑

유상렬

4/4

옷자락에서 전해지는 사랑

유상렬

♩=76

옷자락에서 전해지는 사랑

유상렬

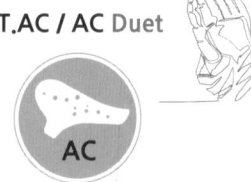

아무것도 두려워말라

현석주

♩=70

T. AC Solo

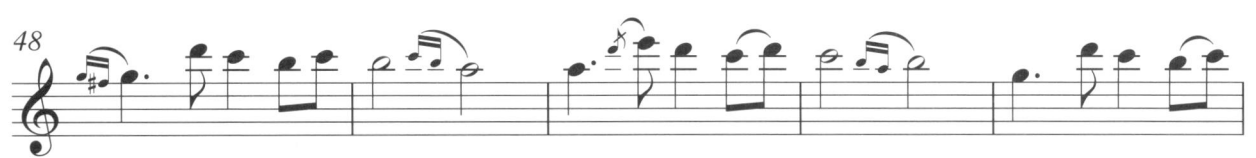
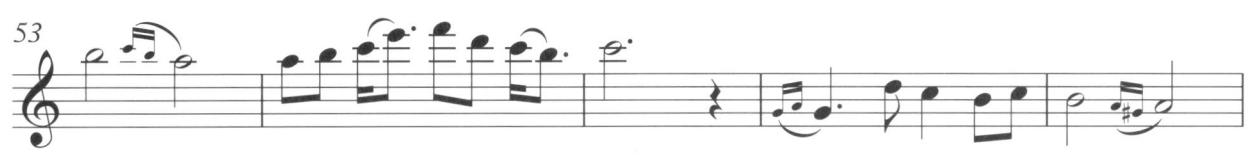

아무것도 두려워말라

현석주

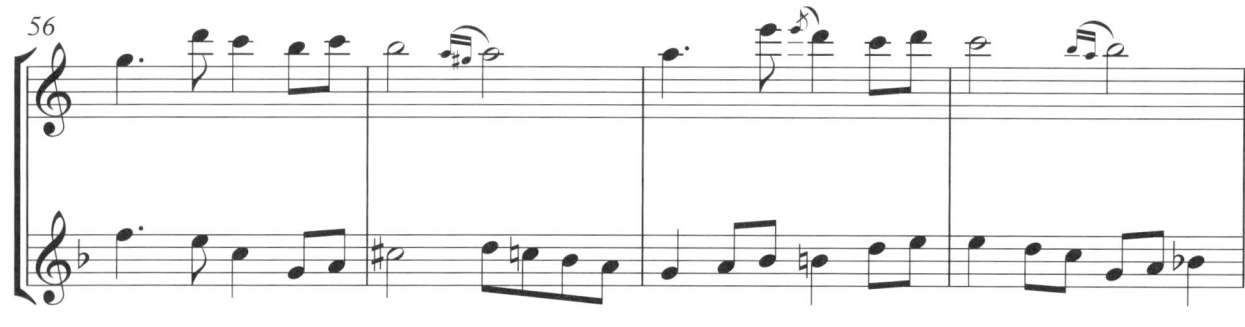

아무것도 두려워말라

현석주

♩=70

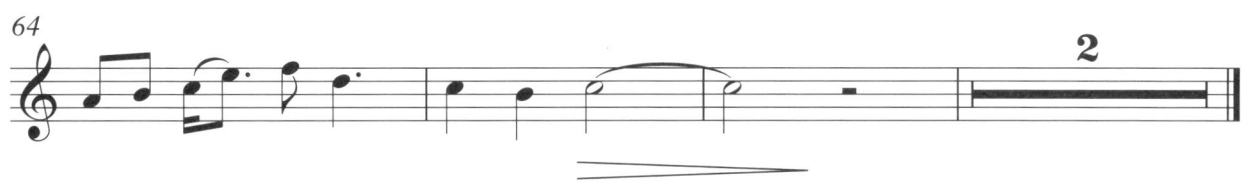

아무것도 두려워말라

현석주

부르신 곳에서

김준영 & 송은정

부르신 곳에서

김준영 & 송은정

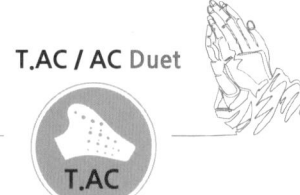

부르신 곳에서

김준영 & 송은정

축복의 사람

설경욱

T. AC
Solo

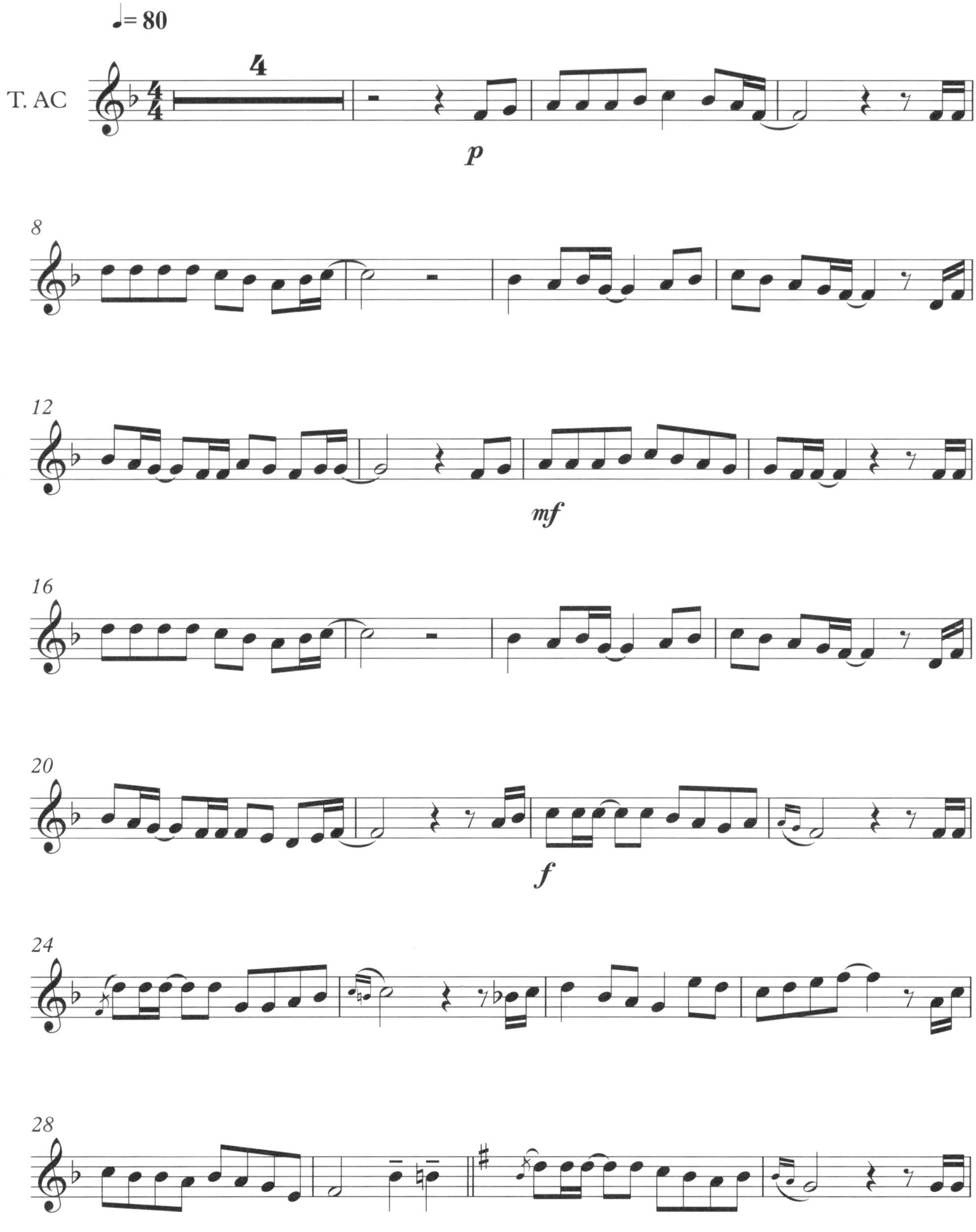

축복의 사람

설경욱

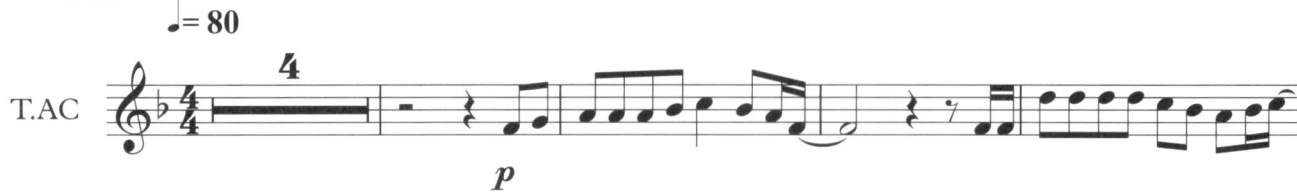

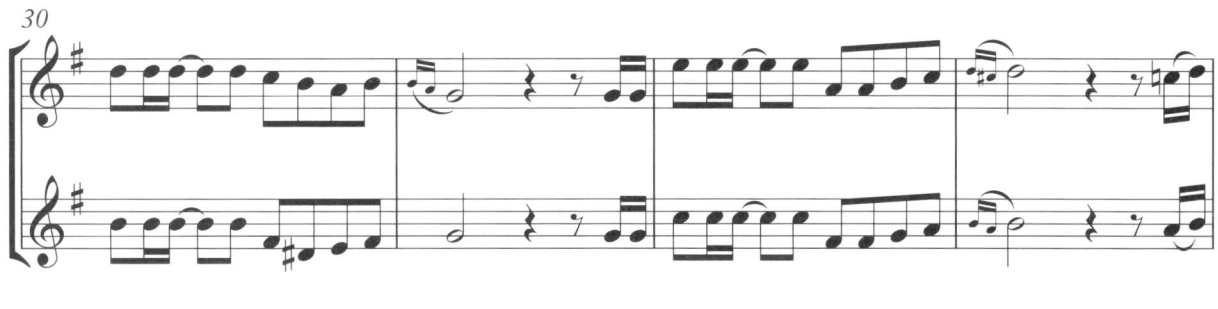

축복의 사람

설경욱

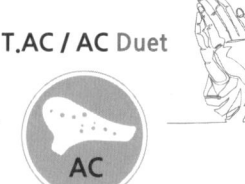

축복의 사람

설경욱

온 맘 다해

Babbie Mason

아버지 품으로

송상경

아버지 품으로

송상경

아버지 품으로

송상경

아버지 품으로

송상경

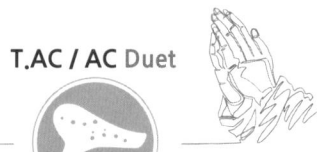

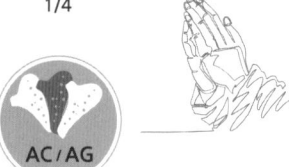

축복하노라

조은아, 신상우

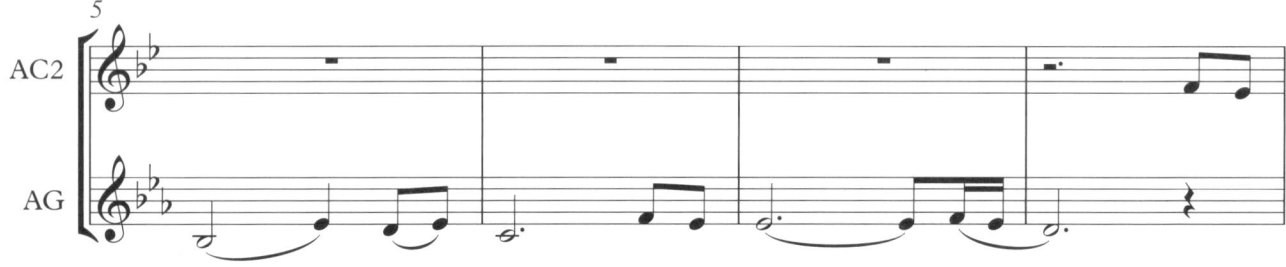

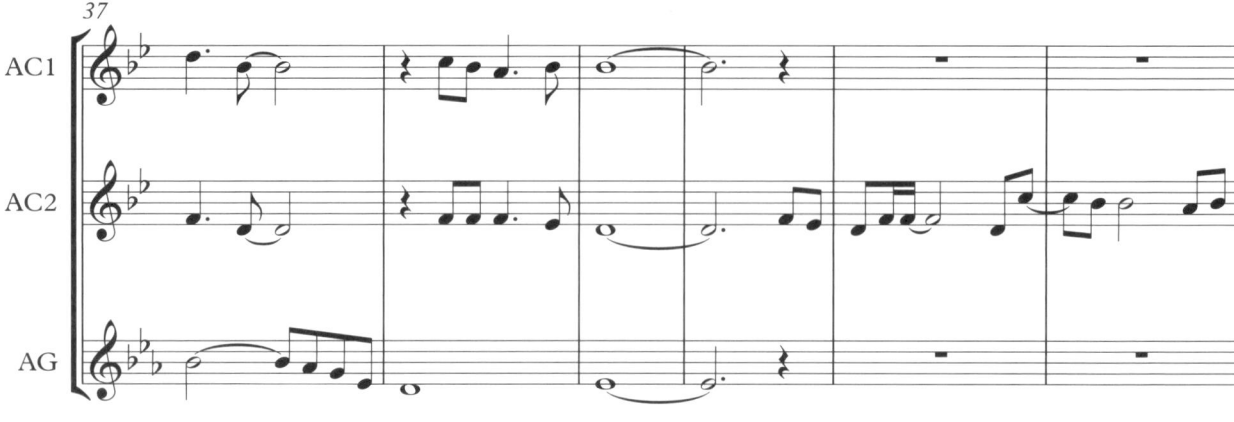

축복하노라

조은아, 신상우

AC / AG Trio

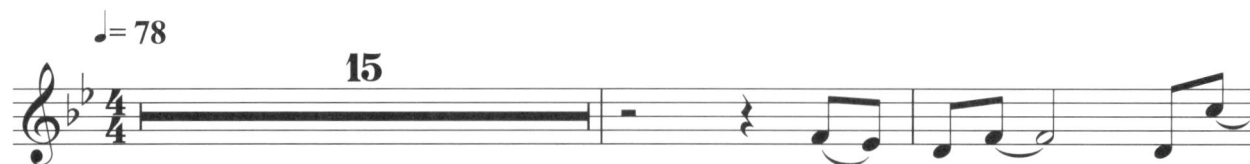

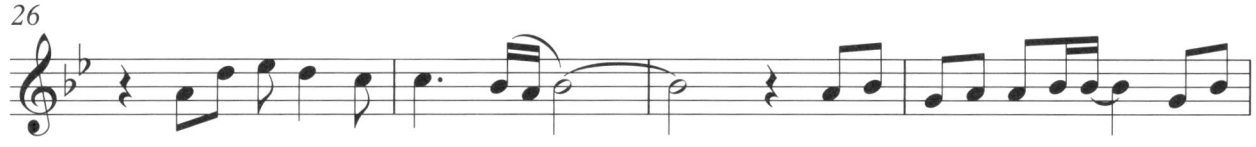

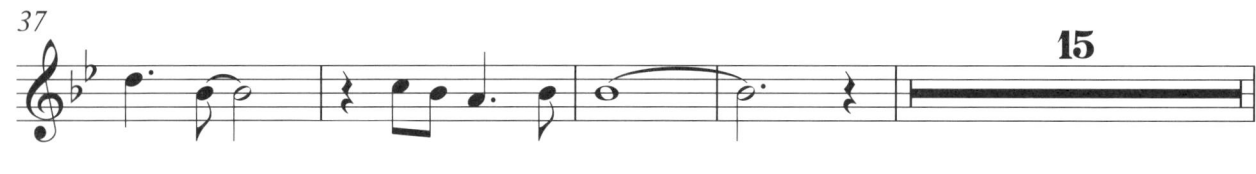

축복하노라

조은아, 신상우

축복하노라

조은아, 신상우

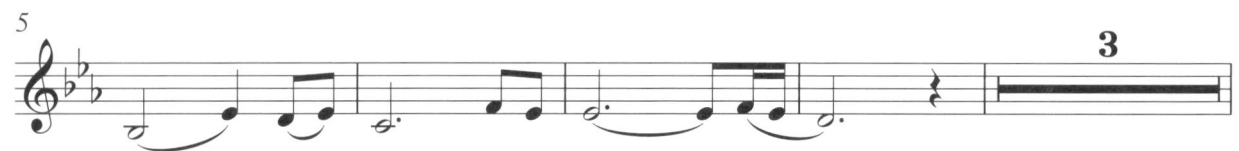

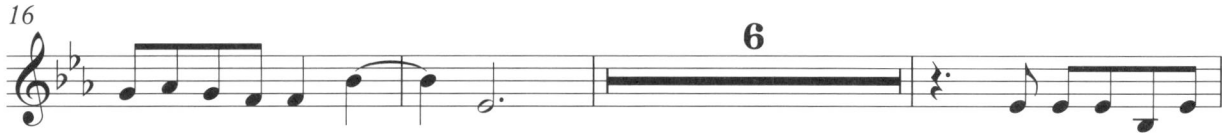

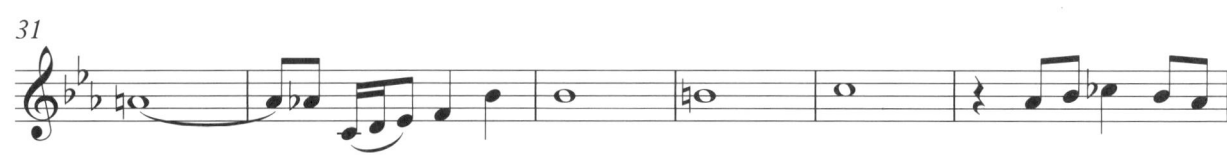
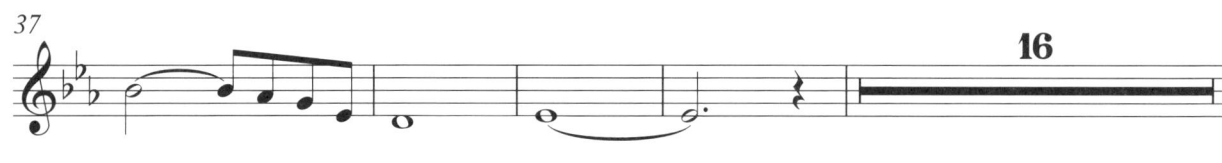

57
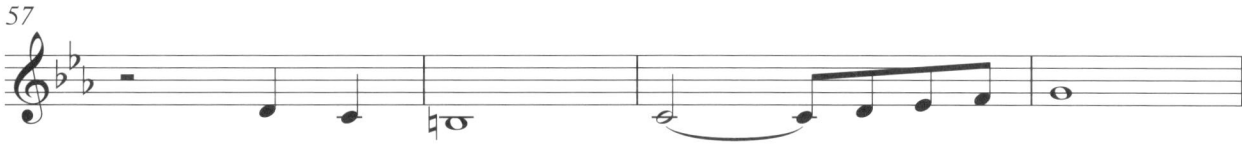

61

66

71

76

나 무엇과도 주님을

Wes. Sutton

나 무엇과도 주님을

Wes. Sutton

M29-32 간주 부분 생략 가능

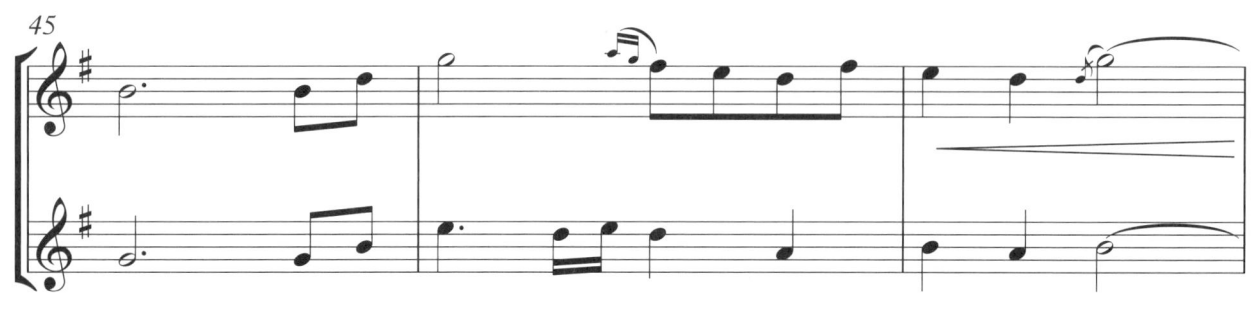

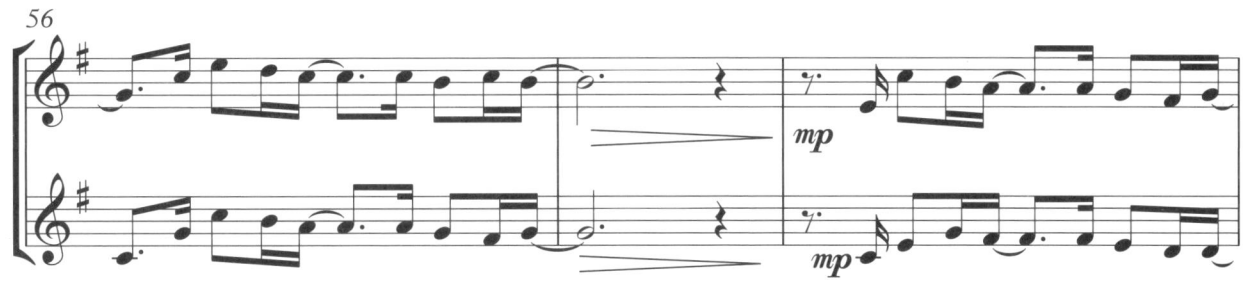

나 무엇과도 주님을

Wes. Sutton

M29-32 간주 부분 생략 가능

나 무엇과도 주님을

Wes. Sutton

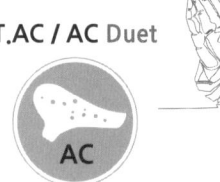

날마다 숨쉬는 순간마다

Sandra Berg & Ahnfelt Oscar

주의 귀한 사랑

백승남

주의 귀한 사랑

백승남

♩= 78

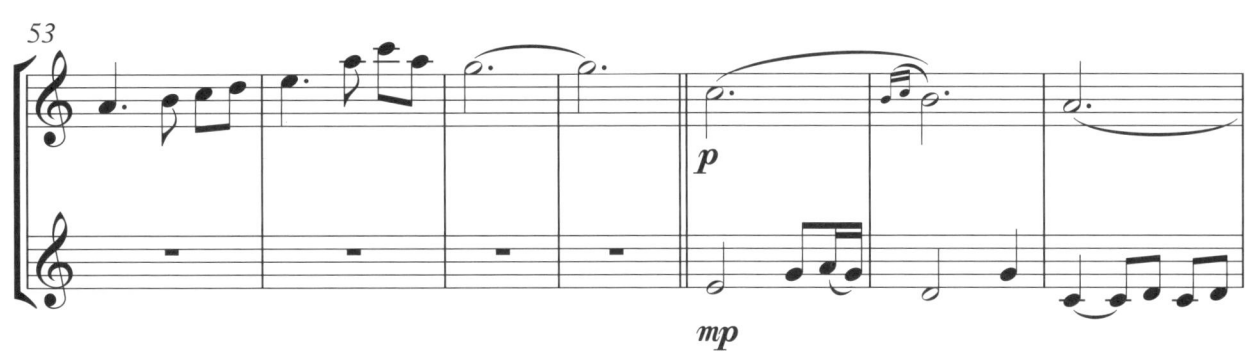

3/4

4/4

주의 귀한 사랑

백승남

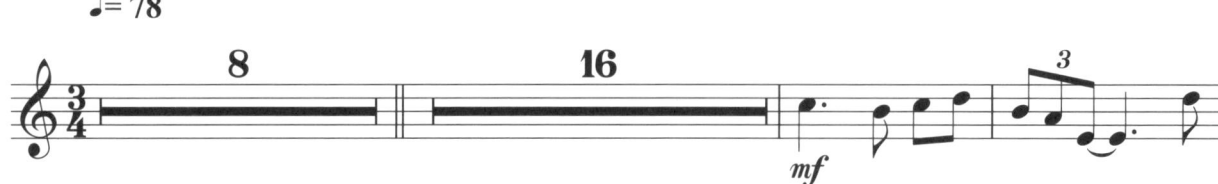

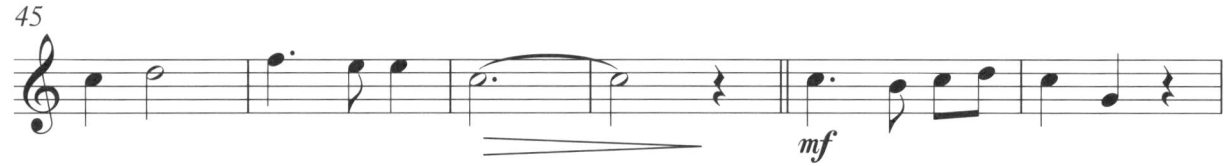

주의 귀한 사랑

백승남

사명

이권희

Andante ♩= 76

사명

이권희

4/4

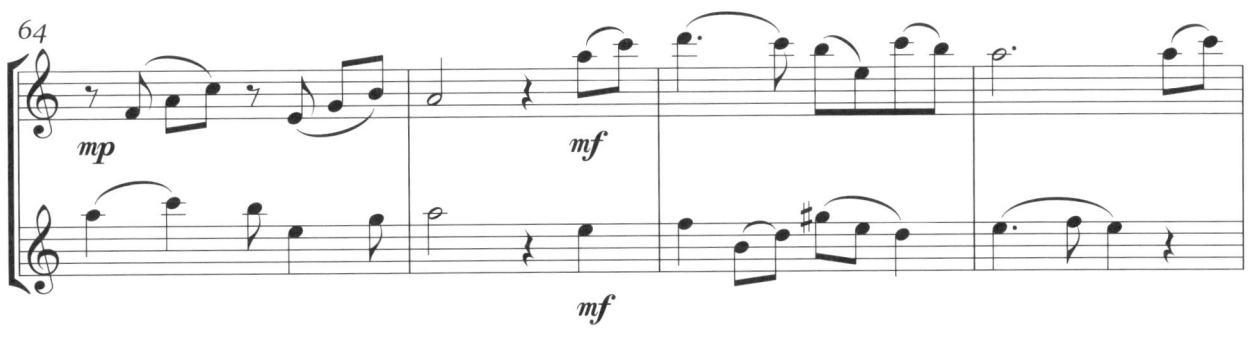

사명

이권희

T.AC Duet 1

Andante ♩= 76

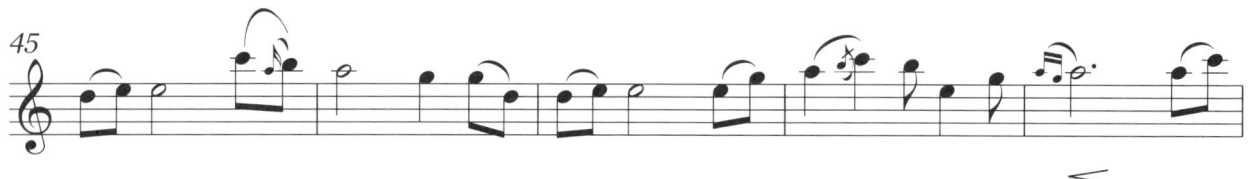

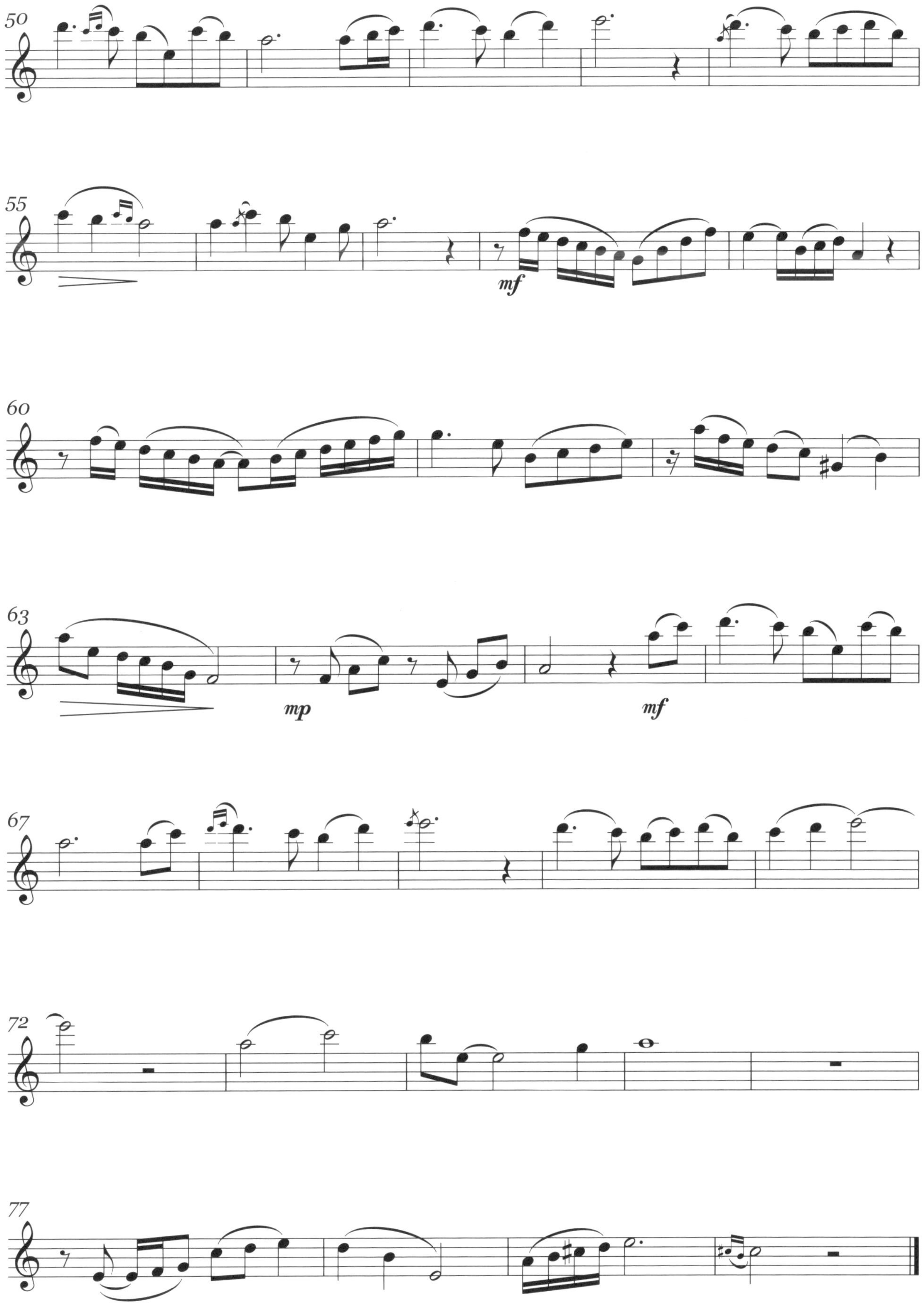
50
55
mf
60
63
mp
mf
67
72
77

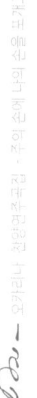

사명

이권희

Andante ♩= 76

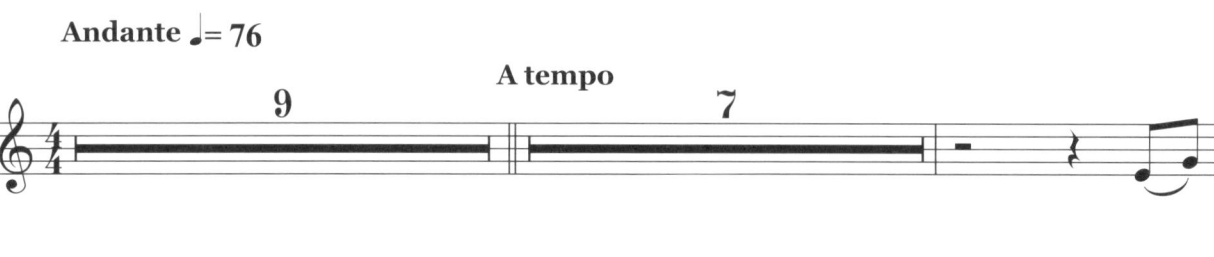

꽃들도

우치코 시츠요시

주 사랑이 나를 숨쉬게 해

정신호

그의 길을 걷는 우리에게

백승남

그의 길을 걷는 우리에게

백승남

그의 길을 걷는 우리에게

백승남

그의 길을 걷는 우리에게

백승남

♩= 92

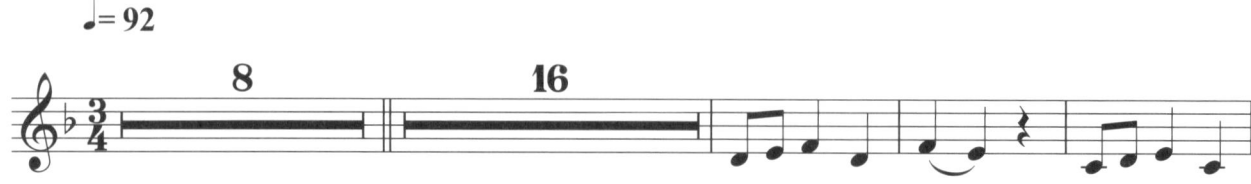

모든 열방 주 볼때까지

고형원

모든 열방 주 볼때까지

고형원

모든 열방 주 볼때까지

고형원

모든 열방 주 볼때까지

고형원

원하고 바라고 기도합니다

민호기, 이현임, 김요셉

원하고 바라고 기도합니다

민호기, 이현임, 김요셉

SG/AG Duet

AG

원하고 바라고 기도합니다

민호기, 이현임, 김요셉

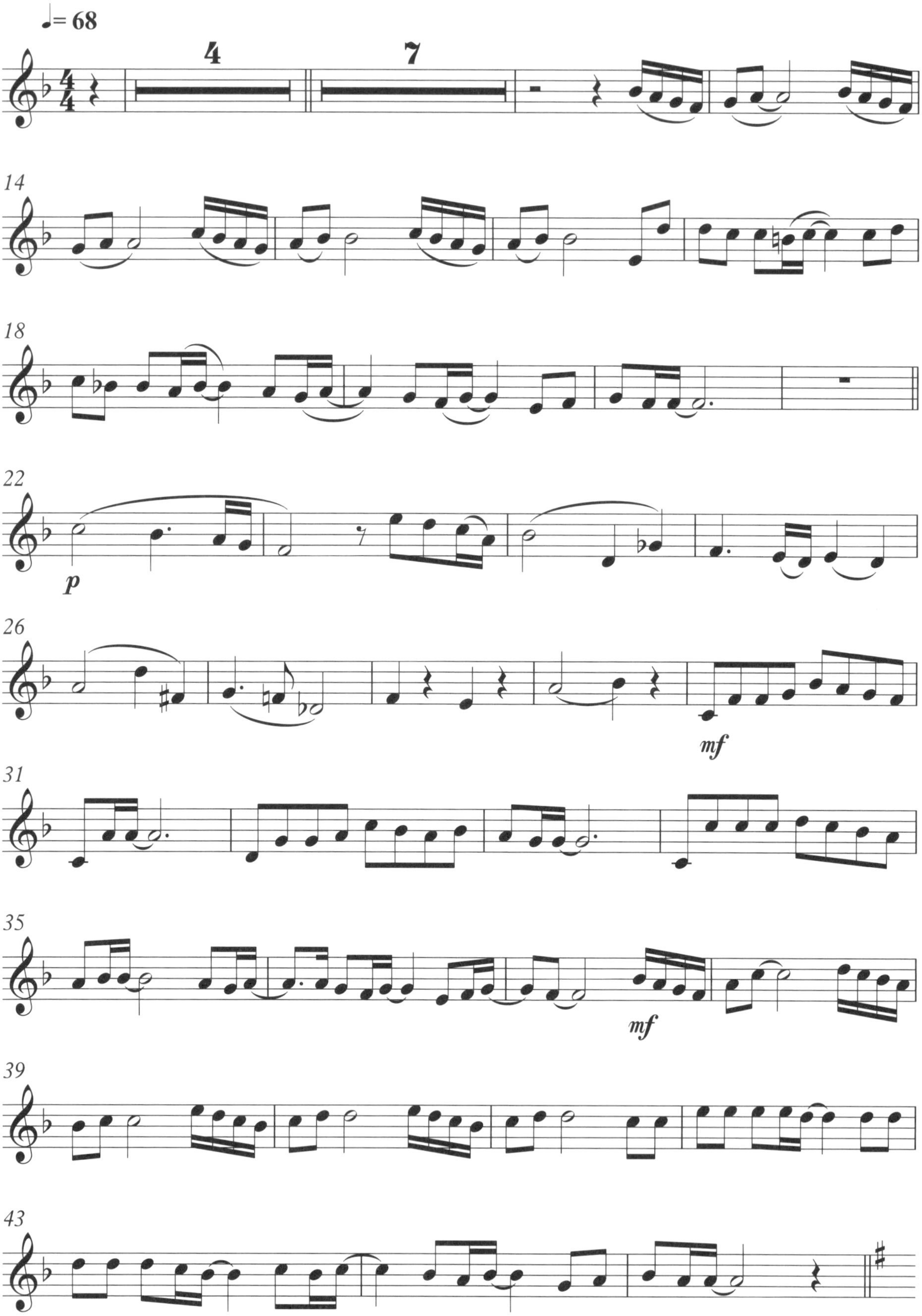

V.S.

축복송
(온 세상이 아름답게 피어오르고)

서옥선

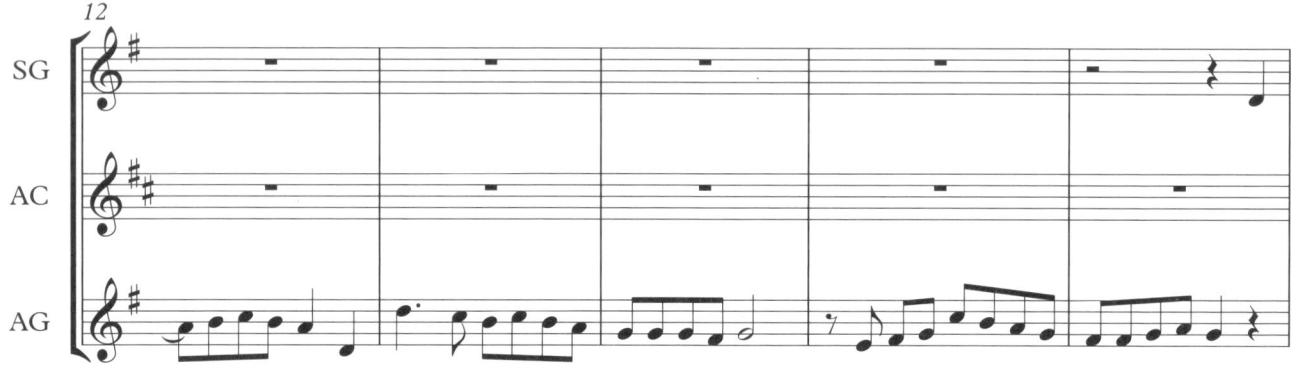

축복송
(온 세상이 아름답게 피어오르고)

서옥선

축복송
(온 세상이 아름답게 피어오르고)

서옥선

축복송
(온 세상이 아름답게 피어오르고)

서옥선

은혜아니면

조성은

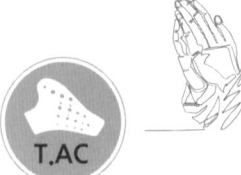

은혜아니면

조성은

Duet — T.AC / AC

♩ = 72

은혜아니면

조성은

T.AC / AC Duet

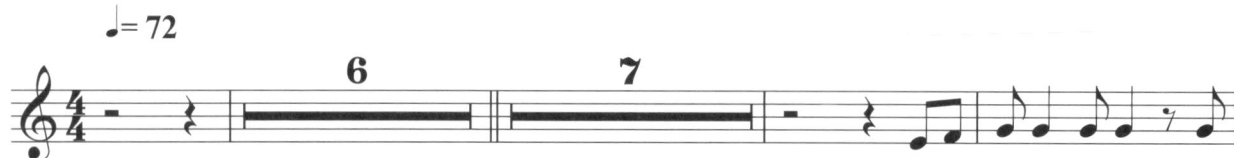

은혜아니면

조성은

오카리나 찬양연주 곡집

주의 손에
나의 손을 포개고